AF562325

ÉLECTIONS DE 1869

APPEL AU PATRIOTISME

1869

I.

Electeurs !

Avant que nous ne déposions nos bulletins dans l'urne électorale, je crois accomplir un devoir, en vous faisant part de quelques observations.

Le moment est grave ; il s'agit d'assurer le bonheur de notre patrie, de la préserver des aventures. des agitations — de faire triompher la POLITIQUE NATIONALE.

Et c'est parce que le peuple français est essentiellement patriote, que nous ne craignons point les élections.

Nous comptons sur le bon sens pratique des populations sur leur amour pour l'ordre et la liberté, sur leur haine du despotisme, aussi bien que de l'anarchie, cette plus dure des tyrannies.

Vous accepterez donc les candidatures *nationales*, *honnêtes*, *intelligentes ;* celles d'hommes assez influents pour pouvoir nous être utiles et nous faire honneur.

Vous repousserez toute coterie.

En un mot, vous serez *indépendants*, vous voterez selon votre conscience et selon vos intérêts, qui sont ceux du pays.

II.

M. Henri Rochefort se présente pour la candidature à Paris. Il est encouragé par le *Figaro*, un journal trop amusant pour être sincère.

M, Henri Rochefort serait soutenu par quelques étudiants, — si ces jeunes gens pouvaient voter, — mais le peuple, le vrai peuple, préfèrera à ce plaisantin, à ce vaudevilliste, plus narquois que profond, assez venimeux, mais qui n'a rien de sérieux, un véritable *homme politique*, un PUR; or M. Rochefort n'est point un pur, tant s'en faut! C'est un fabricant de scandales, un Grassot sombre.

Pendant que Ch. Delescluze, par exemple, écrivain autrement convaincu, fait sa prison, le *jeune* Rochefort a pris bravement la fuite et promène chez *nos bons voisins* les Belges, ses petites méchanchetés et ses injures.

Delescluze est un vétéran de la démocratie, il n'est pas versé dans la science sociale, mais c'est un honnête homme. Il est impossible parce qu'il est fou, mais il est sincère.

Rochefort lui, n'est qu'un boulevardier spéculateur, un ami de *ces dames*, un faux père de famille, un dédaigneux du peuple, un ennemi de la liberté, je le prouve,

Aristocrate insolent, il a écrit, il a osé, dans notre France démocratique si égalitaire, si fraternelle, imprimer les lignes suivantes dans sa *Lanterne*, qui, aux yeux des gens sensés de tous les partis, est un monument d'invectives et d'infamies.

« Au prix ou est le beurre et ou sont les loyers, une « femme ne peut pas vivre de son travail ; voila qui est « prouvé. Il n'y a pour la plus honnête des ouvrières, « que deux voies a suivre : allumer un réchaud de charbon « ou prendre un amant pour l'aider a payer le bou- « langer. »

Voilà ce que ce que ce pilier des caboulots qu'on a voulu déguiser en démocrate pense des filles du peuple !

Le peuple ne veut pas de la prostitution pour ses enfants ! Pourquoi Rochefort écrit-il donc ?

Pour certaines mères d'actrices qui vendent leurs filles !

Il écrit pour les compagnones qui sont ses amies..... minorité dégradée ! C'est là son monde !

Le peuple a donné un fameux démenti à Rochefort en sifflant sa Cora et autres drôlesses, quand, en allant aux courses, elles étalaient leur insolente luxure en public.

O mères de famille ? vous dont les maris et les fils sont

sortis de leurs ateliers, troublés par ce tapage scandaleux, — vous direz à vos époux et à vos enfants de ne pas voter pour de pareils gens.....

Ingrat, Henri Rochefort est un haineux, un ambitieux, un jaloux, qui a mordu la main d'un préfet après lui avoir extorqué des bienfaits.

M. Rochefort n'est pas un *ami de la liberté*, et il est même un maladroit, un niais politique, un enfant terrible que Villemessant a exploité, que Victor Noir et Blavet ont trainé par le bout du nez chez un imprimeur inoffensif — un fils du peuple, un ouvrier honnête — qu'il a traîtreusement frappé chez lui, avec complices et guet à pents, sous prétexte de l'empêcher de publier un pamphlet contre lui, — l'implacable libelliste, qui veut la liberté pour lui seul!...

Et d'autant plus coupable—ce faux brave qui dément ses écrits à toute heure par ses actes — que ce pauvre imprimeur, avant de tomber sous son gourdin, lui disait :

« Je suis une machine!... j'imprimerais pour vous demain!... *je veux la liberté de la presse!* »

Comment M. Rochefort oserait-il prêter serment à l'Empereur, comme doit le faire tout député, après ce qu'il a écrit contre lui, contre sa famille, contre l'EMPIRE?...

Ce serait le comble de la bassesse.

Mais n'est-il pas capable de tout, celui qui, en ce

moment vit aux dépens de ceux qu'il attaqua naguère ?

III.

Des avocats déguisés en républicains. Les sieurs Laurier, Cléry, Durier, Gambetta, Em. Arago, Ferry, Maurice Joly, etc., tous ennemis du peuple et, presque tous inconnus du peuple, connus au Palais et dans quelques brasseries, depuis les affaires Baudin, Rochefort et Cie, — se présentent à la députation.

Mais d'abord, nous avons assez des bavards, des orgueilleux de la parole, nous voulons pour députés des hommes d'affaires, non des escaladeurs de portefeuille ou des conspirateurs. Nous voulons des travailleurs, non des frélons !

Il nous faut des faits, non des paroles.

Les hommes pratiques tiennent les avocats turbulents et opposants *quand même* en très-mince estime. C'est d'eux dont Napoléon Ier a dit : — « *Ce sont un* « *tas de bavards, artisans de révolutions, qui ne sont* « *inspirés presque tous que par le crime et la corrup-* « *tion.*

« Dans toute cause, dit un autre, il y a deux avo- « cats pour le moins, et sur les deux, il s'en trouve *un* « *tout au moins, qui veut blesser le droit et qui n'as-* « *pire qu'à faire une victime.* »

—« Pour mettre la veuve et l'orphelin *sur la paille, il*

« *faut un avocat !* Ce serait donc obliger grandement le « prochain que de mettre un *frein de justice à la* « *langue et à la main des avocats.* »

— « *Des sottises d'autrui, nous vivons au Palais* » a dit Boileau.

Balzac ajoute :

— « Votre fils n'est bon à rien, *faites-en un avo-* « *cat !* Dans ce métier là, ses vices, son ambition et « son *bagoud* lui serviront. »

De son côté, Ourliac s'exprime ainsi :

— « Dans un procès, s'il y a toujours un avocat « pour DÉFENDRE la veuve et l'orphelin, il y a toujours « un autre avocat pour **DÉPOUILLER** la même *veuve* « *et le même orphelin.* »

Et Jules Richard a écrit, je crois :

— « Les *avocats* et les *journalistes* sont la plaie de « la société. Les journalistes ont les poches pleines de « *systèmes irréalisables*, les avocats *fluent des phrases* « *toutes faites qui ne signifient rien.* En 1848, *les avo-* « *cats* et *les journalistes*, ont tout gâté avec leurs discus- « sions sans résultats. »

Défie-toi donc, ô peuple! des blagueurs!! Ces beaux parleurs, qui te promettent le bonheur et déclarent t'aimer, sont des farceurs, ou des intrigants et le plus souvent des exploiteurs.

IV.

Laurier et Cléry ont été publiquement flétris par des écrivains qu'ils avaient lâchement calomniés ; Júles Favre, qui a laissé à Lyon tant de *souvenirs* et qui, en 1848, *vivait* dans nos palais, et envoyait au peuple consterné des bulletins de résistance, est impossible, comme Gambetta, ce faux Danton, à l'allure canaille, à la voix avinée ; comme Durier et Maurice Joly, obscurs terroristes ; comme Garnier-Pagès, auteur de l'impôt des quarante-cinq centimes; comme Guéroult le Saint-Simonien des paquets La Varenne ; comme Pelletan qui ne croit rien qu'à Robespierre, et qui n'a pas même fait baptiser ses enfants !!...

Tous ces ambitieux, qui ont sans cesse de grands mots dans la bouche et qui prétendent au monopole de l'amour du peuple, ne veulent que des bouleversements pour pouvoir *pêcher en eau trouble.*

Dans l'opposition, ce sont des anges, en paroles ; au pouvoir, ce sont des démons, d'affreux tyrans.

C'est à vous, Electeurs, à faire justice de ces ambitieux sans pudeur et de les balayer de l'arêne politique pour cause de salubrité publique.

Ces adorateurs de l'échafaud sont les plus mortels ennemis de la liberté !

Vous ne nommerez pas Pelletan, qui, député, ayant, comme tel prêté serment à l'Empire, vient dans une réunion dite *privée*, — mais en réalité *très-publique* — 1,500 personnes — de déclarer qu'il voulait la République *démocratique et sociale* et ferait pour elle comme a fait Baudin, des BARRICADES !

L'homme qui joue avec un serment, sous quelque prétexte que ce soit, n'est pas digne de nous représenter.

Nous engageons les *citoyens* Pelletan et Rochefort, à méditer les quelques lignes que nous extrayons d'une lettre que vient d'adresser M. Bruckner, de Strasbourg, ancien représentant, aux personnes qui lui offraient une candidature :

« Je suis vivement touché du bon souvenir que les « amis de notre cause m'ont conservé et du témoignage « éclatant qu'ils veulent bien m'en donner.

« Cependant j'ai le regret de leur déclarer, qu'il « M'EST IMPOSSIBLE D'ACCEPTER LA CANDIDATURE qu'ils sont « dans l'intention de m'offrir.

« En mars 1852, j'ai adressé par *écrit* au gouverne- « ment actuel mon *refus de serment*.

« Les mêmes motifs qui m'ont dicté ce refus, subsis- « tent encore.

« Fidèle au mandat que j'avais reçu par deux fois des « des électeurs du Bas-Rhin, pour fonder d'abord et « défendre ensuite la République, *je ne puis* NI NE VEUX « prêter le serment exigé.

« Les électeurs, ne sauraient me blâmer de cette pro- « testation silencieuse mais permanente. »

Quand on rencontre un tel homme, il n'y a plus de parti, on ôte son chapeau, c'est l'honnêteté qui passe!

Vous ne nommerez pas davantage M. Darimon, ce singe de Proudhon, il n'a ni le talent, ni la tenue, ni les relations, ni la juste visée de M. Emile Ollivier, qu'il faut lui préférer à tous égards. M. E. Ollivier est un homme d'Etat convaincu et qui a déjà rendu au pays de sérieux services qu'il serait injuste de méconnaître.

Ce n'est pas un OPPOSANT QUAND MÊME, et il a raison, *car l'opposition systématique* est le comble de la mauvaise foi ; c'est l'esprit de parti avec son fanatisme! ses injustices, sa cruauté. Dans cette voie déloyale, l'homme se corrompt et devient une bête féroce ; Mirabeau conduit à Marat !

Vous ne nommerez pas l'obscur et chevelu Vallès, chiffonnier de lettres, coureur de la rue et communiste, parce qu'il n'a rien et n'aura jamais rien, n'ayant ni amour du travail, ni conduite.

Vous ne nommerez pas davantage Louis Blanc, autre vipère communiste, adorateur du crapuleux Marat, ce plus grand ennemi de la liberté qu'il chercha à déshonorer par ses crimes. Louis Blanc ! Le désorganisateur du travail ! L'homme funeste des ateliers nationaux en 1848, qui ont produit les sanglantes journées de Juin !....

V

En vérité à ces charlatans habillés de rouge, il faut préférer des candidats tels que Me Lachaud, l'avocat populaire, Emile de Girardin, l'éminent publiciste, Devinck, artisan arrivé par son travail et sa probité, concurrent de Thiers, homme loyal, mais un des plus dangereux ennemis de la politique nationale, le dernier soutien des d'Orléans tombés en 1848 sous la révolution du mépris ; Me E. Pinard qui mieux que tout autre, dans l'intérêt de ses électeurs, pourra contrôler les actes du gouvernement; Clément Duvernois, le jeune écrivain patriote, qui aime la liberté autant qu'il aime l'ordre, et qui ne s'associerait jamais avec l'étranger, comme l'ont fait des rédacteurs de feuilles dites *démocratiques*.

En haine de ce qui est, ces derniers osent pactiser avec les ennemis de la patrie, avec les conspirateurs du dehors et du dedans, avec les communistes, avec n'importe quelle ambition, n'importe quel vice, n'importe quelle honte, n'importe quel crime !

Et ces gens-là osent parler *au nom du peuple*, ils osent dire *qu'ils représentent le peuple* ! Allons donc !

Ils représentent le peuple, comme la République de 1848 inaugurée par une poignée d'ambitieux de bas étage, représentait la France !

Le peuple, ce n'est pas cette minorité factieuse et

déguenillée que traînent après eux ces Catilina de Tapis-Francs; le peuple, c'est la France qui, deux fois, en 1814 et 1815, sanglante et trahie, repoussa tant qu'elle put l'invasion étrangère!...

Le peuple, ce n'est pas la poignée sale et méprisable d'ivrognes, de paresseux et de quelques clubistes qui votent pour un *mêlé cassis*, pour quatre sous et pour l'espoir du pillage, lorsque viendra ce que Jules Favre, Laurier, Gambetta et consorts appellent dans leur argot ridicule; *le jour des redressements* !

Ce sont les bossus de la politique qu'il faut redresser...

Le peuple, voici ce que c'est: les MILLIONS de citoyens qui ont fait l'empire, et qui, si demain, les communistes, les partageux livraient bataille, comme en Juin viendraient encore une fois, pour sauver leurs maisons, leurs champs, leurs rentes, leur travail, leur liberté et l'ordre social, et donner un coup de main à notre vaillante armée, qui est du peuple aussi! pour foudroyer les barbares modernes.

VI

En nommant des citoyens honorables et dévoués, tels que ceux dont nous avons parlé plus haut, en nommant des hommes pareils, sortis de nos rangs à force d'énergie, nous ne serons pas la risée de l'Europe, comme si nous nommions ces intrigants qui, patronés par le *comité révolutionnaire*, font partie de cette valetaille exagérée, envieuse, sanguinaire qui veut la Révolution et la misère en permanence !

Nous, nous voulons la liberté, et nous forcerons le gouvernement à nous la donner toute entière, le jour, ou lui et nous, n'aurons plus à craindre les énergumènes du jacobinisme et du communisme !...

Ce sont ces exagérés qui éloignent toutes les réformes et découragent toutes les bonnes volontés.

Défiez-vous aussi des courtiers électoraux et surtout de ceux qui, couverts de la blouse sacrée du travail, font auprès des artisans une propagande violente. Défiez vous en ! car souvent ils s'introduisent près de l'ouvrier, pour lui faire faire des sottises, l'envoyer en prison et pis encore !

VII.

En somme, le candidat de *l'opposition systématique*, n'a jamais pu rien faire pour nous autres électeurs, que des discours oiseux et sans portée, et que retarder par sa violence sans trève et sans justice, les améliorations légitimes, dont sans lui, le gouvernement n'eut pas manqué de prendre l'initiative. J'ose dire qu'il lui eut été, avec ses antécédents, ses promesses, son origine, impossible de faire autrement.

Les autres députés, au contraire, rendent aux électeurs et au pays une foule de services. Je sais des députés de la majorité et des députés *très-indépendants* sans pourtant appartenir à l'opposition systématique et, sans être esclaves des mots d'ordre du *comité républicain et orléaniste*, qui se font bénir des populations par leur charité et par leur justice. Je voudrais voir les citoyens E. Picard, Jules Favre, Guéroult, Grévy, Jules Simon, leurs amis et leurs femmes, fonder des hôpitaux, des ouvroirs, des caisses d'épargne, des crèches, s'intéresser à toutes les institutions qui ont pour but l'amélioration *morale* et matérielle des populations.

Mais ces *marquis de la République* professent pour tout cela un souverain mépris et ne se font pas faute de déclarer que la bourgeoisie opprime ce qu'ils appellent le *peuple* avec leur charité.

A ceux de nos frères qui leur demandent un service, ils répondent les railleurs ! »

« *L'aumône dégrade ! Si vous souffrez prenez un fusil.*

Oseriez-vous le prendre vous-même ?

Quand il y a des barricades, vous êtes derrière ! Vous avez lâchement abandonné votre Baudin, dont vous prenez aujourd'hui le squelette pour vous en faire un drapeau ; il était fou mais brave, vous êtes des fous lâches !

Le peuple, encore une fois, n'est pas avec vous ; il est avec les braves, avec les honnêtes, avec les bons !

Mais prenez garde, les bons sont rassurés, et c'est aux méchants à trembler !

Alençon — Imp. Lith. et Stér. Ch. Thomas.

www.ingramcontent.com/pod-product-compliance
Lightning Source LLC
LaVergne TN
LVHW010329230826
846091LV00009B/3790

* 9 7 8 2 0 1 6 1 2 3 7 3 7 *